coleção fábula

t.j.clark

por uma esquerda sem futuro

tradução de josé viegas

editora■34

prefácio à edição brasileira

maio de 2013

No início de *Por uma esquerda sem futuro*,
afirmo que o ensaio consiste em um conjunto
de reflexões suscitadas especificamente
por meu retorno à Europa, há três anos, depois
de 30 vivendo nos EUA. E me pergunto, na mesma
frase, se as coisas que tenho para dizer ecoariam
em outros lugares. É uma indagação genuína,
não retórica, de modo que o leitor pode imaginar
a surpresa, e mesmo o prazer soturno, que sua
publicação na forma de um pequeno livro destinado
ao público brasileiro me causou. O prazer é soturno
porque muitos de nós no "Ocidente" decadente
gostaríamos de continuar acreditando que, depois
de uma década com a esquerda no poder, o Brasil,
quem diria, é um lugar onde o meu surdo
e desesperado "chamado às armas" pareceria
não mais que o murmurejar débil e indistinto
de um (devidamente esquecido) universo
paralelo. O que, afinal de contas, Lula e o lulismo
têm a ver com as figuras grotescas da "esquerda"
europeia — os Blair, os Hollande, os Bersani,
os Zizek, os badiouistas, os que choram junto ao
túmulo de Christopher Hitchens? Sigo pensando

que em nenhum outro tempo ou lugar a esquerda
sofreu um declínio comparável ao experimentado
pela esquerda europeia desde a queda do Muro
de Berlim; mas conheço um pouco, sinto dizer,
das complexidades e desilusões que marcaram
o recente, extraordinário "salto para a frente"
brasileiro. Lembro-me de que, em uma visita que
fiz anos atrás à casa que pertenceu a Elizabeth
Bishop em Ouro Preto, a atual proprietária me
levou até o porão para me mostrar uma escada
esdrúxula, cujos degraus, erguendo-se do chão
ao teto, terminavam numa parede cega, sem
nenhum alçapão à vista. "Demos a ela o nome de
Cardoso", disse a pessoa. "Começa cheia de vontade,
mas não dá em lugar nenhum." A piada azeda
não é aplicável a Lula, mas algo da decepção
de minha anfitriã — afinal, a certa altura Cardoso
era considerado, no Brasil e em outras paragens,
uma verdadeira potência intelectual marxista —
continua a assombrar o presente.

Por uma esquerda sem futuro foi um texto
difícil de escrever. Não estou "satisfeito"
com o resultado, mas ainda acho que ele fala
às profundezas da crise por que passa a esquerda
de uma maneira que a maior parte do ensaísmo de
esquerda não faz. As reações aos meus argumentos
foram de todo tipo. Surpreendeu-me (mas não
me espantou) que as respostas mais completas
e equilibradas tenham vindo não de intelectuais
reconhecidos, mas de leitores que, na condição

de ativistas e sindicalistas, trazem nas costas
uma vida de engajamento em lutas da esquerda.
Suas divergências muitas vezes dizem respeito
a questões pontuais (aprendi muitas coisas,
por exemplo, com um excelente conjunto
de reflexões sobre a esquerda e o proletariado
na China de hoje, que me foi enviado por
alguém que tem bastante proximidade com
a oposição "neo-confuciana" ao regime comunista),
mas de modo geral eles aceitam o tom —
de reconhecimento da derrota — que adoto
no ensaio. Suas vidas, para citar uma das pessoas
que me escreveram, lhes ensinaram a diferença
entre derrota e derrotismo, e eles entendem
o que se pode querer dizer com "pessimismo da
fortitude". Para os intelectuais isso é mais difícil.
A esquerda europeia vem se tornando mais e mais
uma academia. (O que não é culpa dos indivíduos
envolvidos, frequentemente muito dedicados:
é o destino de qualquer *intelligentsia* que insista
em falar para e por um "movimento" inexistente.)
É só alguém se atrever a perturbar seu universozinho
de textos — propondo novas leituras num tempo
difícil — para que a subcultura cerre fileiras.
Intrigou-me, por exemplo, que nenhum dos críticos
cujas respostas a meu ensaio circularam em meio
impresso tenha se ocupado do que Bradley tem
a dizer, nas formidáveis passagens que empresto
dele, sobre a natureza trágica da humanidade;
para esses críticos, basta que o autor seja Bradley:

é um sinal evidente de que não pode ser coisa que mereça a atenção da esquerda. E ai de quem se aventure a pronunciar os nomes de Nietzsche e Moses Wall!

O ensaio, repito, não me satisfaz. Ele paga o preço de operar em um nível teórico por demais elevado. Sei que o tratamento que dou à trágica desintegração ocorrida na Europa peca por não ser mais detalhado, e às vezes o prejuízo é considerável. Envergonho-me, por exemplo, da superficialidade com que falo da esquerda grega. Eu estava escrevendo no momento errado; o conhecimento que tinha era muito limitado; não previ a implosão do Pasok e a ascensão do Syriza.

No entanto, continuo a achar, mesmo em relação a isso, que o ângulo a partir do qual procuro repensar a esquerda é o correto. Pois o Syriza — assim como a complexa teia de grupos e movimentos de esquerda que permanecem à margem do partido, desconfiando de sua opção pela via parlamentar — agora está sendo, a meu ver, empurrado para uma posição em que a única possibilidade é assumir uma perspectiva "trágica" sobre a política. O futuro na Grécia pertence aos inimigos da esquerda. É — terrívelmente, insistentemente — a direita que de novo acredita estar chegando a hora da "revolução", o momento da purgação e do apocalipse, a familiar "Aurora Dourada", com seus dedos rubros. É um problema real saber se o modelo fascista de temporalidade prevalecerá em Atenas. Mas de uma coisa estou convencido: no caso do Syriza, a única alternativa a uma versão fascista do futuro é iniciar uma confrontação total, dolorosa e verdadeiramente desiludida com a realidade trágica da sociedade e do Estado gregos, encaminhando o discurso político em direção ao reconhecimento do horror "tebano" desse país formado, ao longo do último meio século, por uma guerra civil e pela Guerra Fria, por uma ditadura militar, por uma mobilização permanente contra "o inimigo" (o Estado grego ainda ostenta um dos mais elevados gastos per capita em armamentos do mundo; e é claro que nunca se cogitou incluir no pacote de "austeridade" a suspensão dos pagamentos à indústria bélica alemã), por uma elite capitalista blindada, encastelada em paraísos fiscais (como a maioria das elites desse tipo, não obstante as afetadas demonstrações de preocupação com o caráter particularmente corrupto da elite grega), por um patriotismo presunçoso e pela afiliação em massa à Igreja Ortodoxa. Os adeptos do realismo político responderão a isso dizendo que o resultado de qualquer mudança dessa natureza na perspectiva da esquerda é impopularidade na certa. É, têm razão. Mas "realismo" em política implica, nos momentos de catástrofe, reconhecer que tipo de passo para fora do terreno do que é "popular" — do que é possível, do que é eleitoralmente viável — pode ser imposto pela realidade dos acontecimentos.

Chegam da Grécia as primeiras notícias de crianças morrendo de inanição. Toda semana os camisas pretas do Aurora Dourada atacam alguma favela de imigrantes albaneses ou organizam um sopão dos pobres para "gregos de verdade" em situação de penúria. O "capital" que restou em Atenas é tão escasso que não há margem nem para uma fuga de capitais (e a maioria dos investidores gregos nunca deixou mesmo seus lucros no país). Com o prolongamento da crise, não se sabe de que será feita a política; é uma incógnita — para o pior dos radicais marxistas-leninistas, assim como para o mais untuoso e pragmático funcionário do FMI.

A Grécia pode ser, ou não, a vanguarda que conduzirá a Europa para a porta de saída da modernidade. Suas aflições são específicas; e, de qualquer maneira, a "saída da modernidade" será precisamente, na Grécia como em outros lugares — é esse o meu tema constante—, um processo que nada terá de apocalíptico, um processo arrastado, massacrante, chocante, banal, medíocre, sem o menor traço de "espetáculo". Essa é a realidade que, no contexto político atual, a direita e o centro (assim como a "esquerda" estabelecida) a meu ver não conseguem enxergar, quanto mais enfrentar. Continuo a acreditar que uma esquerda não estabelecida — uma esquerda sem futuro — pode ser capaz de fazê-lo.

por uma esquerda sem futuro

Como a língua às vezes engana, com suas contradições internas! Nesta charneca atemporal, o dialeto é mais rico em palavras para mensurar o tempo do que qualquer outra língua; além daquele imóvel, eterno *crai* [que significa "amanhã", mas também "nunca"] cada dia do futuro tem seu próprio nome [...] Para o depois de amanhã, diz-se *pescrai* e para o dia seguinte a esse, *pescrille*; a seguir vem *pescruflo*, e então *maruflo* e *maruflone*; e o sétimo dia é *maruflicchio*. Mas essa precisão de termos tem, antes de mais nada, um valor de ironia. Tais palavras são usadas não tanto para designar este ou aquele dia, mas sim todas juntas, como que compondo uma lista, e sua sonoridade mesma é grotesca: são como uma prova da inutilidade de se querer enxergar alguma coisa no eterno nevoeiro do *crai*.

Carlo Levi, *Cristo si è fermato a Eboli**

Espero sinceramente que [o livro] venha a ser tudo o que a nossa era não quer [...] Não omiti nenhuma das ideias que me ocorreram para obstruir o avanço do mundo [...] fiz tudo o que pude para retardar o progresso [...] quando ponho mãos à obra, olho invariavelmente para trás.

Edward Burne-Jones, sobre suas ilustrações para o volume *Works of Geoffrey Chaucer*, publicado em 1896 pela Kelmscott Press, a editora de William Morris**

* Carlo Levi, *Cristo si è fermato a Eboli*. Turim: Einaudi, 1990 [1945], pp. 184-5, 163.

** Carta de dezembro de 1895, citada em William Peterson, *The Kelmscott Press: A History of William Morris's Typographical Adventure*. Oxford: Oxford University Press, 1991, p. 252.

§

Os intelectuais de esquerda, como a maioria dos intelectuais, não são bons políticos; especialmente se entendermos por política, como pretendo argumentar que deveríamos fazer, os detalhes comezinhos, o trabalho sem lustro e sem o brilho da performance. Os intelectuais se atrapalham na hora de ler a partitura. Desafinam quando estão no palco. Mas talvez sirvam para uma coisa: mantendo a analogia musical, eles são, por vezes, os contrabaixistas da fila de trás, cujo resmoneio dá momentaneamente o tom da política e chega mesmo a indicar uma possível configuração nova para ela. Vez por outra, pode inclusive acontecer que a sobrevivência de uma tradição de pensamento e ação dependa exatamente disso — de que a política seja submetida a uma mudança de tom. É o que me parece estar acontecendo com a esquerda hoje.

Estes apontamentos dirigem-se essencialmente (lamentavelmente) à esquerda do antigo centro do capitalismo — a esquerda da Europa.* Mas pode

---

* Meus agradecimentos a Iain Boal, que me solicitou a primeira versão deste ensaio para sua conferência "The Luddites without Condescension", realizada em Birkbeck, em maio de 2011; e às plateias daquele evento e das subsequentes apresentações deste texto. Ocasionalmente, recorro a formulações anteriores e peço desculpas aos leitores que, assim, deparam com argumentos que já conheciam.

ser que ecoem em outros lugares. Nada têm a dizer a respeito da invulnerabilidade do capitalismo a longo prazo e não emitem julgamento — que louco se atreveria a fazê-lo nas circunstâncias atuais? — sobre a eficiência com que esse sistema gere seus domínios globais ou sobre a eficácia de seu humanismo militar. O único veredicto implícito no que segue é um veredicto negativo quanto à possibilidade de que a esquerda atual — a esquerda realmente existente, como costumávamos dizer — ofereça uma perspectiva em que os defeitos do capitalismo, e os dela própria, façam algum sentido. Por "perspectiva", entendo uma retórica, uma tonalidade, uma imagística, uma argumentação e uma temporalidade.

Por "esquerda", entendo uma oposição radical ao capitalismo. Mas essa oposição, como sustento a seguir, nada tem a ganhar com previsões arrogantes e irrealistas sobre o fim próximo do capitalismo. A radicalidade se dá no presente. Quanto mais profundos os esforços preparatórios de um movimento político, tanto maior o seu foco no aqui e agora. É evidente que existe uma alternativa à ordem atual das coisas. Mas isso não leva a nada — nada que mereça ser considerado político. Tem-se a impressão de que a esquerda está imobilizada, no nível da teoria e por conseguinte no da prática, pela ideia de que deve ficar o tempo todo revolvendo as entranhas do presente em busca de sinais de catástrofe e salvação. É melhor olhar para o *pescrai* e para o *maruflicchio* com ironia infinita — uma ironia camponesa, com seu justificado desdém pelo futuro — do que apostar em uma política fundada, mais uma vez, em uma multidão de terracota que espera a hora de sair marchando do túmulo do imperador.

§

É uma visão pessimista? Admito que sim. Mas, à luz dos últimos dez anos, que outra tonalidade parece possível? Como se espera que entendamos a materialização de uma derrocada para valer na ordem financeira mundial ("Essa joça pode ir pro brejo", como disse George Bush a seus auxiliares em setembro de 2008) e o quase total fracasso da esquerda em fazer com que suas respostas a isso tivessem uma repercussão mais ampla e não fossem ouvidas só entre as fileiras dos fiéis? Ou, visto de outra maneira: se a década passada não é prova da inexistência de *qualquer* circunstância capaz de reconstituir a esquerda nas formas que ela assumiu nos séculos XIX e XX, o que se entende então por prova?

É um momento amargo. Em boa parte do velho e anteriormente inamovível centro, a política parece tomar, a cada mês que passa, uma forma mais e mais "total" — um caráter de tudo ou nada para os que a vivenciam. E na realidade (que não se confunde com o mundo fantasioso das conferências marxistas) isso é tão desanimador para a esquerda quanto para qualquer outra corrente política. A esquerda está igualmente despreparada para enfrentar a situação. O silêncio dos esquerdistas gregos, por exemplo — sua incapacidade de apresentar um programa alternativo de política econômica que contemplasse de forma efetiva e convincente a opção pela moratória, incluíndo uma projeção, ano a ano, das consequências de uma saída "ao estilo argentino" — é sintomático. E digo isso sem o menor sarcasmo. Dado o entrelaçamento da presente ordem mundial, se e quando a economia de um país entra em crise, o que alguém, *seja quem for*, tem para dizer — com um mínimo de detalhes que não façam a pessoa cair no ridículo — sobre o "socialismo em um só país", ou mesmo sobre o "capitalismo não dirigido pelo capital financeiro num pseudo-Estado-nação em situação de parcial isolamento"? (Por acaso a esquerda pretende se associar aos eurocéticos em sua longa marcha? Ou apostar suas fichas no proletariado de Guangdong?)

A questão do capitalismo — justamente porque o próprio sistema está se colocando de novo a questão (se torturando com ela), fazendo assim que ela, com toda a sua enormidade, ofusque o teatro de sombra dos partidos — tem de ser deixada temporariamente de lado. Não há como dotá-la de caráter político. A esquerda faria melhor voltando sua atenção para aquilo a que ainda pode conferir algo desse caráter, desse teor político.

§

É difícil pensar historicamente sobre a crise atual, mesmo em termos gerais — comparações com 1929 não parecem ajudar —, de modo que não há como saber em que vai dar essa mistura de caos e *rappel à l'ordre*. O gás lacrimogêneo é colírio nos olhos dos investidores; a greve geral dos gregos está em todas as bocas; o banco Goldman Sachs faz e acontece no mundo. Talvez possamos estabelecer um paralelo entre o que vem se passando de 1989 para cá e o momento posterior a Waterloo na Europa — o momento da restauração e da Sagrada Aliança, da aparente imobilidade histórica mundial (apesar da vigorosa reconstelação das forças produtivas) no período que vai de 1815 a 1848. Considerando o projeto do Iluminismo — meu tema continua a ser o da resposta do pensamento político a transformações em larga escala das circunstâncias —, esses anos foram um interregno desprovido de paradigmas. O longo arco da crítica racional e filosófica — o arco que passa por Hobbes, Descartes, Diderot, Jefferson e Kant — havia chegado ao fim. Retrospectivamente, pode-se dizer que, sob o verniz da restauração, formavam-se já os elementos de uma nova visão da história: mutações peculiares no utilitarismo e na economia política; as especulações de Saint-Simon; as visões contrafactuais de Fourier; a energia intelectual dos jovens hegelianos. Mas, na época (à sombra de Metternich, de Ingres e do segundo Coleridge),

era extremamente difícil tomar esses elementos
pelo que eles de fato eram, quanto mais vislumbrar
a possibilidade de que viessem a fundir-se em
uma forma de oposição — uma compreensão nova
daquilo a que era preciso se opor e uma intuição
sobre o novo ponto de vista a partir do qual
a oposição poderia avançar. É nisso que a Europa
de Castlereagh* se assemelha à Europa de hoje:
na sensação de que caíram por terra uma linguagem
e um conjunto de postulados até então tidos como
conducentes à emancipação, e também na dúvida,
bastante realista, de que os elementos de uma
nova linguagem possam de fato ser encontrados
no espetáculo geral de uma política engessada,
de uma economia impiedosa e de um entusiasmo
generalizado (como sempre) pela mais recente
e estúpida novidade tecnológica.

---

* Chanceler do Reino Unido entre 1812
e 1822, Robert Stewart, o visconde
de Castlereagh [1769-1822], teve atuação
decisiva na administração da coalizão
internacional que derrotou Napoleão
e foi o principal diplomata britânico
no Congresso de Viena. [N.E.]

§

Em outras palavras, a questão para a esquerda no momento é: quão *fundo* tem de ir a sua reconstrução do projeto do Iluminismo? "Quão para baixo?" Entre nós, há quem pense: "Sete níveis do mundo".* Tenho a sensação de que o livro que deveríamos estar lendo — em vez de *L'Insurrection qui vient*** — é *The Experience of Defeat*, de Christopher Hill. Ou seja, as vozes heterogêneas, inesperadas e sem dúvida perigosas de que me socorro nestes apontamentos — Nietzsche, apesar de tudo; as páginas de Bradley sobre a tragédia; o aterrorizante *Homo necans* de ww; o que Hazlitt e Bruegel têm de mais implacável; Moses Wall nas trevas de 1659; Benjamin em 1940 — só vêm à mente em momentos de verdadeiro fracasso histórico, como recursos de que a esquerda pode se valer.

* Alusão ao poema "Lovely Shall Be Choosers", de Robert Frost [1874-1963], em que, num diálogo travado em uma espécie de além-mundo, decide-se submeter uma mulher a uma série de (sete) duras frustrações na vida. Uma voz ("A Voz") diz: "Joguem-na para baixo!" [*Hurl her down!*], ao que outras vozes ("As Vozes") indagam: "Quão para baixo?" [*How far down?*], e a Voz responde: "Sete níveis do mundo" [*Seven levels of the world*]. [N. E.]

** Ensaio-manifesto que faz uma análise radical da sociedade ocidental e propõe uma insurreição mundial em moldes anarquistas, defendendo a sabotagem a todas as instâncias de representação e a formação de comunas. Foi publicado em 2007 pelo Comité Invisible, um grupo de ativistas franceses que permanecem no anonimato. [N. E.]

Só lhes damos ouvidos quando os fatos nos obrigam a perguntar o que, em nossas anteriores encenações da transfiguração, levou à derrocada atual.

O uso que faço da palavra "esquerda" remete, claro, a uma tradição política de que quase já não há traço nos governos e oposições que temos hoje. (Parece uma excentricidade perder tempo agora com os tipos de diferença — assinalados no passado pelo prefixo "ultra" — que essa tradição comportava. Depois que o sol se põe, todos os gatos são pardos.) "Esquerda", portanto, é um termo que denota uma ausência; e essa quase inexistência precisa estar explícita em uma nova forma de pensar a política. Disso não se segue, porém, que a esquerda deva continuar a *exaltar* a própria marginalidade, como seus integrantes frequentemente se sentem inclinados a fazer — exultando no glamour de sua grande recusa e relegando à escuridão que reina lá fora o resto de um mundo impenitente. Desse lado fica o intelectualismo.* A única abordagem política de esquerda que faz jus ao nome é, como sempre, a que olha nos olhos de sua insignificância,

---

* No original: *That way literariness lies*, alusão à frase *This way madness lies* ["Desse lado fica a loucura"], com que o rei Lear, na peça homônima de Shakespeare, indica a direção do castelo onde se encontram as duas filhas cuja ingratidão o põe ensandecido. [N.E.]

Pieter Bruegel, o Velho, *A "pequena" torre de Babel*, c. 1565. Museu Boijmans van Beuningen, Roterdã.

Modelo do monumento
de Vladimir Tatlin dedicado
à Terceira Internacional,
c. 1919-20.

mas cujo interesse está todo voltado para aquilo que pode transformar o vestígio, lenta ou repentinamente, no começo de um "movimento". Muitas e amargas serão as coisas — as ideias grandiosas, a estilística revolucionária — a serem sacrificadas no processo.

§

Isso me leva a duas séries de perguntas que
estruturarão o restante destas notas. A primeira:
como seria para a esquerda deixar de olhar para
a frente — fincando-se para valer no presente,
abandonando as veleidades proféticas, mantendo
uma atitude desiludida, a todo instante
"debochando de seus presságios"? Isto é, o que
significaria para uma política de esquerda deixar
para trás — removendo-os do próprio grão,
da própria ideia que ela faz de si mesma —
os últimos suspiros e imagens da vanguarda?
E a segunda série de perguntas, relacionada com
anterior: há como transpor a política de esquerda
para um diapasão trágico? É possível incorporar
à esquerda — a uma abordagem política que
permanece nitidamente em contato com a tradição
de Marx, Raspail, Morris, Luxemburgo, Gramsci,
Platonov, Sorel, Pasolini — um sentido trágico
da vida? Tal tradição não é justificadamente —
indelevelmente — avessa a ficar ruminando
a experiência da derrota?

§

O que entendo então, por "tragédia" ou "concepção trágica da vida"? Aplicada à política, a ideia é estranha, talvez mesmo impalatável; por isso dispensarei a ela um tratamento não muito sofisticado — que, neste caso, não significa necessariamente um tratamento banal. Bradley é um tremendo guia que nos foi legado pelo final do período vitoriano; e, por ser mais político que os demais, é um guia melhor, creio eu, que todos os grandes teóricos e classicistas que a ele se seguiram; e eu o escolho, em parte, por ser um exemplo particularmente bom do tipo de sabedoria média — o renegado estilo de tom elevado — que a esquerda terá de redescobrir em seu passado burguês. É principalmente de Shakespeare que Bradley fala a seus alunos (futuros funcionários coloniais), mas nas passagens em que ele alarga o escopo de sua abordagem, quase tudo soa mais amplamente político.

A tragédia, como sabemos, tem uma visão pessimista da condição humana. Seus temas são o sofrimento e a calamidade, a presença constante da violência nos assuntos humanos, a dificuldade extraordinária que é conciliar essa violência com o domínio da lei ou com um padrão de sanções sociais previamente pactuadas. Ela faz que seus protagonistas se equivoquem sobre si mesmos, acomete-os com a derrota e, sobretudo, lança-os de grande altura para que se esborrachem no chão — uma queda

que amedronta e assombra os que a testemunham,
pois parece falar a uma impotência que há
no homem, e também a uma sujeição generalizada
a uma força ou totalidade derivada do caráter
mesmo das coisas. A tragédia trata da grandeza
que vira ruína. Mas é por isso que não é deprimente.
"[O homem] pode ser mal-aventurado e pode
ser detestável", diz Bradley, "mas não é pequeno.
Pode ter um destino atroz e misterioso, mas
não desprezível. [...] É necessário haver nele
[no projeto trágico] uma grandeza extraordinária,
a fim de que em seu erro e em sua queda
vejamos, com especial clareza, as possibilidades
da natureza humana."* Essas duas últimas
palavras sempre causaram calafrios na esquerda,
e compreendo a razão disso. Mas talvez elas sejam
resgatáveis: basta ver que, para Bradley, natureza
e possibilidade andam juntas.

* A.C. Bradley, *Shakespearean Tragedy*.
Nova York: Fawcett Publishers, 1968
[1904], pp. 28-9.

§

Bradley tem uma excelente passagem sobre
o que ele chama de "centro da impressão trágica".
Eis a citação completa:

> Essa emoção central é a sensação de desperdício.
> A compaixão e o medo suscitados pela história
> trágica parecem, ao menos em Shakespeare,
> combinar-se, e até mesmo fundir-se, num profundo
> sentimento de tristeza e mistério, que se deve a essa
> sensação de desperdício [...] Temos a impressão
> de estar diante de um tipo de mistério que encerra
> o mundo inteiro, de um fato trágico que excede
> em muito os limites da tragédia. Vemos por toda
> parte, das pedras que esmagamos sob os pés à alma
> do homem, um poder, uma inteligência, uma vida
> e uma glória que nos atordoam e parecem reclamar
> nossa veneração. E por toda parte os vemos perecer,
> devorando-se uns aos outros e destruindo
> a si próprios, amiúde com flagelos terríveis, como
> se sua existência não tivesse outro fim senão esse.
> A tragédia é a forma típica desse mistério, pois
> essa grandeza de alma que ela exibe — oprimida,
> conflituosa, derrotada — é a existência mais elevada
> em nosso horizonte. A tragédia nos impõe o mistério
> e nos faz perceber tão vividamente o valor daquilo
> que é desperdiçado, que não temos como encontrar
> consolo na ideia de que tudo é vaidade.*

* *Ibidem*, p. 29.

Uma coisa que vale a pena dizer de passagem sobre esse parágrafo — embora eu espere que isto não seja lido como mero comentário à parte — é que ele pode servir como modelo do *tom* de uma política em diapasão trágico. O tom é adulto. E talvez por isso soe, inevitavelmente, como algo estranho, até mesmo bizarro, em uma cultura política como a nossa, tão dedicada à ventriloquia da "juventude". Nos dias que correm, a linguagem política, à esquerda como à direita, participa integralmente da infantilização geral das necessidades e dos propósitos humanos, uma infantilização que se mostrou fundamental para o capitalismo de consumo. (O fenômeno carrega consigo um maravilhoso desespero contrafactual. Pois a sociedade de consumo é, por natureza — em virtude da efetiva melhoria nos "padrões de vida" que a acompanha —, uma sociedade grisalha. Pode-se dizer que, quanto mais elevada a idade média da população, mais seu aparato cultural se mostra abjetamente ajustado aos desejos da garotada de dezesseis anos.) E também disso a esquerda precisa escapar. Foi-se o tempo em que a expressão "desordem infantil"* era uma injúria — um insulto

---

* No original, *infantile disorder*, em alusão ao célebre panfleto de Lênin: "Esquerdismo, doença infantil do comunismo", de 1920, que em inglês tem o título: "Left-Wing Communism, an Infantile Disorder". Como *disorder* significa não apenas enfermidade, mas também desordem, tumulto, perturbação da ordem pública, em inglês a expressão pode assumir o sentido "libertário" a que o autor se refere aqui. [N.E.]

lançado por ninguém menos que Lênin — que
uma parcela da esquerda podia ter a esperança
de resgatar e transfigurar. Uma voz trágica
tem a obrigação de deixar a adolescência para trás.
Em outras palavras, chega de Rimbaud — chega
de apodícticas exposições de entranhas, chega de
denúncias exultantes.

§

Vejamos novamente Bradley. "O mundo trágico
é um mundo de ação", diz ele,

> e a ação é a tradução do pensamento em realidade.
> Vemos homens e mulheres se entregando
> confiantes à tarefa. Lançam-se sobre a ordem
> vigente das coisas para pôr suas ideias em prática.
> Mas o que alcançam não é o que pretendiam;
> é algo terrivelmente diverso do que tencionavam
> realizar. Eles não entendem nada — dizemos
> com nossos botões — do mundo em que operam.
> Lutam cegamente no escuro, e o poder que
> age por seu intermédio faz deles o instrumento
> de um desígnio que não é o seu. Atuam com
> liberdade, e, todavia, suas ações os deixam de pés
> e mãos atados. E não faz a menor diferença que
> suas intenções sejam boas ou más.*

A política em diapasão trágico, portanto, vai operar
sempre com uma percepção do horror e do risco
inscritos nos assuntos humanos. "E por toda parte
os vemos perecer, devorando-se uns aos outros
e destruindo a si próprios." Isso é um mistério.
Mas (citando Bradley de novo e desta vez trazendo-o
especificamente para nossa direção), "a tragédia
é a [...] forma desse mistério [que melhor
nos permite pensar politicamente], pois a grandeza
de alma que ela exibe — oprimida, conflituosa,

* *Ibidem*, p. 32.

derrotada — é a existência mais elevada em nosso horizonte. A tragédia nos impõe o mistério". E ela *situa* o mistério, impede-o de ser um fantasma imobilizador — faz que toda e qualquer política (a nossa, por exemplo) se desenvolva à sombra de uma catástrofe política específica.

§

Nossa catástrofe — nossa Tebas — são os 70 anos transcorridos entre 1914 e 1989. E é claro que afirmar que as décadas centrais do século XX, pelo menos da perspectiva da Europa e de seus impérios, foram uma espécie de matadouro não é mais que repetir um diagnóstico consensual. Quem quer que se debruce sobre um tratamento histórico sério do período — o panorama de Mark Mazower em *Dark Continent: Europe's Twentieth Century* (1998)* é uma sinopse terrível, de cujo impacto tenho a sensação de jamais me recuperar — muito provavelmente chegará às mesmas conclusões. "O século da violência" — lembro-me de um velho livro-texto que usava essa expressão. A era da fumaça humana.

A pergunta política, no entanto, é a seguinte: os horrores do século tiveram uma forma própria? Obedeceram a uma lógica ou a uma determinação central, por mais que as contingências da história — o carisma de Hitler, o fato de Lênin ter sobrevivido à bala do anarquista, a psicologia de Harris, o Bombardeiro** — tenham intervindo? É aqui que

---

* Publicado no Brasil sob o título *O continente sombrio: a Europa do século XX*. Trad. de Hildegard Feist. São Paulo: Companhia das Letras, 2001. [N.E.]

** Referência a *sir* Arthur Harris [1892-1984], comandante da Força Aérea britânica que, durante a Segunda Guerra, implementou a estratégia de "bombardeios por área" contra a Alemanha, com ataques devastadores, que tinham por objetivo não destruir alvos específicos, e sim debilitar o moral da população civil alemã. [N.E.]

a perspectiva trágica nos ajuda. Ela nos autoriza a *não enxergar* uma forma ou lógica — um desenvolvimento do passado para o futuro — nos últimos 100 anos. Ela nos permite, creio que com razão, ver esse período como uma catástrofe no sentido estrito da palavra, iniciando em Sarajevo (1914) e avançando aos trancos e barrancos até, pelo menos, os anos 1950 (e, se ampliarmos nosso foco para incluir a apavorante "Revolução Cultural Proletária" de Mao — que foi, em certo sentido, o último paroxismo de uma fantasia europeia sobre a política —, estendendo-se anos 1970 adentro): um futuro falso imbricado num passado, ambos vindo subitamente do nada, tomando de assalto as certezas da Londres eduardiana e da Viena da virada do século; um caos formado por um entrecruzamento de forças que não havia como conter nem mapear: as comunidades imaginadas do nacionalismo, as pseudorreligiões de classe e de raça, o sonho de um último sujeito da história, as novas tecnologias de destruição em massa, os estertores do "fardo do homem branco", as tristes realidades da inflação e do desemprego, a criação assistemática (mas logo assumindo um ritmo cada vez mais acelerado) de partidos de massa, de eventos de massa, de *gadgets* e acessórios de massa, da vida cotidiana padronizada. A lista é conhecida. E imagino que qualquer um que tente escrever a história desse período estará fadado a tomar, conscientemente ou por falta de opção, uma das diversas forças em ação como predominante. Toda questão precisa ter o seu cerne.

§

O que nos leva à questão do marxismo. Hoje está
claro que o marxismo foi mais produtivamente
uma teoria — um conjunto de representações
descritivas — sobre a sociedade burguesa
e o caminho que a levaria ao fracasso. Não obstante
os seus diversos outros aspectos e ambições, foi
esse o que se mostrou mais imune ao milenarismo
e ao cientificismo — os dois males da formação
cultural em que o marxismo se originou. Em suas
melhores formulações (no próprio Marx, no Lukács
dos anos 1920, em Gramsci, em Benjamin e Adorno,
em Brecht, em Bakhtin, em Attila József, no Sartre
de "La Conscience de classe chez Flaubert"),
o marxismo foi mais fundo na textura das crenças
e práticas burguesas do que qualquer outra
forma de representação descritiva, com exceção
do romance. Mas no tocante ao fim da sociedade
burguesa, revelou-se notoriamente equivocado.
O marxismo acreditou que a grande positividade
da ordem do século XIX terminaria em revolução
— entendendo-se por isso uma derradeira aceleração
(mas também desintegração) das forças produtivas
do capitalismo, o reequilíbrio entre economia
e política e uma investida decisiva rumo a uma
modernidade conquistada. Não foi o que ocorreu.
A sociedade burguesa — o mundo cultural que
Malevich e Gramsci tomavam como um dado
da realidade — de fato se desintegrou. Contudo,
ela foi destruída não pela fusão e fissão dos
potenciais havia muito instalados na indústria

capitalista e pela consoante emergência de uma comunidade de classe transfigurada, mas sim pela mais vil paródia disso que se poderia imaginar. O socialismo tornou-se nacional-socialismo; o comunismo tornou-se stalinismo; a modernidade se metamorfoseou em crise e *crash*; as novas religiões do *Volk* e da *Gemeinschaft* se aproveitaram das técnicas de assassinato em massa. Franco, Dzerjinsky, Earl Haig, Eichmann, Von Braun, Mussolini, Teller e Oppenheimer, Jiang Qing, Kissinger, Pinochet, Pol Pot, Ayman al-Zawahiri. Esse é o passado que a nossa política tem como matriz. É a nossa Tebas.

Mais uma vez, porém, vamos devagar com o andor. A tragédia é um mistério, não uma câmara de horrores. É costumeira e endêmica. Tebas não é algo que possamos deixar para trás. Ninguém que olhe nos olhos dos pobres camponeses da fotografia de 1930, agrupados com seus ancinhos e suas palavras de ordem stalinistas, prontos para atacar a porretadas uns poucos cúlaques junto à estação ferroviária, ninguém que olhe nos olhos desses matutos e assassinos, cães brigando por um osso, e que se lembre, talvez com a ajuda de Platonov, do longo desespero que a câmera não mostra, ninguém que corra os olhos, em outras palavras, pela história real do século XX, pode evitar o "sentimento de tristeza e mistério, de que nos fala Bradley, "que se deve à sensação

Campanha pela coletivização, URSS, *c.* 1930 ("Nós, os camponeses dos colcozes, estamos liquidando os cúlaques como classe, com base na coletivização completa").

de desperdício. [...] E por toda parte os vemos
perecer, devorando-se uns aos outros
e destruindo a si próprios [...] como se sua
existência não tivesse outro fim senão esse".

§

Sejam quais forem as nossas discordâncias
quanto aos detalhes da história que os colcozianos
da foto estão vivendo, permitam-nos ao menos
lhes fazer a justiça de não fingir que se tratava
de algo *épico*. "O materialismo histórico precisa
renunciar ao elemento épico da história.
Ele arranca [estuda], por uma explosão, a época
da 'continuidade da história' reificada. Mas ele
faz explodir também a homogeneidade dessa
época, impregnando-a com *ecrasita*, isto é, com
o presente."* O barracão que aparece à direita
na foto poderia muito bem ser um *Lager*, e o cartaz
poderia dizer *Arbeit macht frei*.

* Walter Benjamin, *Passagens*. Trad. de Irene
Aron e Cleonice Paes Barreto Mourão.
Belo Horizonte/São Paulo: Editora UFMG/
Imprensa Oficial do Estado de São Paulo,
2006, p. 516, convoluta N 9a, 6.

§

"O mundo se apresenta agora muito tenebroso e árido,
e uma pequena luz que se acendesse o revigoraria
imensamente. Contudo é pena: em pouco tempo
isso faria o homem se arvorar acima de si mesmo
e o perturbaria, e depois ele expiraria de novo
e se tornaria mais miserável." Esse é o revolucionario
puritano Isaac Penington em 1654, diante do declínio
do Reino dos Santos.* Naturalmente, Penington pensa
a situação em termos de "Queda", porém sua atitude
em relação à humanidade pode ser sustentada,
e creio que deva sê-lo, sem o pano de fundo teológico.
As palavras que ele dirige ao futuro permanecem
relevantes. E são perfeitamente compatíveis com
o mais modesto, o mais moderado dos materialismos —
o tipo de materialismo de que precisamos. Eis aqui,
por exemplo, o trecho de uma carta que Moses
Wall escreveu para John Milton em 1659 — quando
os dias da república inglesa estavam contados:

> Vós vos queixais da falta de progresso da nação
> e de seu recente movimento retrógrado na liberdade
> e nas verdades espirituais. Há muito que lamentar;
> condoamo-nos, todavia, da fraqueza humana. Quando
> aqueles que com veemência protestavam seu zelo
> por nossa liberdade, uma vez instalados no poder,
> traem a boa coisa que lhes foi confiada e nos conduzem

---

* Isaac Penington, *Divine Essays*. Londres, 1654.
Citado em Christopher Hill, *The Experience of Defeat*.
Nova York: Viking, 1984, p. 120.

de volta ao Egito e, com o mesmo poder que lhes
outorgamos para que nos conquistassem a liberdade,
a nós metem em ferros; que podem fazer os desvalidos?
Bem conheceis os que foram guardar o Sepulcro
do Senhor para que não houvesse a ressurreição.

(Wall refere-se a soldados. Ele entendia de exércitos
permanentes.)*

Ademais, enquanto as pessoas não forem livres,
estando antes limitadas a acomodações por toda
a vida, seus espíritos permanecerão derrubados
e servis: e, conducente [à reversão disso], tem de haver
uma melhoria em nossas riquezas nativas, assim
como em nossas manufaturas, nossa pesca, nossos
charcos, florestas e terras comunais, e em nosso
comércio de além-mar etc., que garantiria ao corpo
da nação uma subsistência confortável. [...]**

Ainda um programa maximalista.

* Em 1653, sob a liderança de Oliver Cromwell,
o primeiro exército permanente (isto é, cujas forças
não são desmobilizadas em tempos de paz) do Reino
Unido dissolveu o Parlamento e instaurou o regime
ditatorial do Protetorado. [N.E.]

** Moses Wall, carta a Milton, 25 de maio de 1659.
Citado em David Masson, *Life of Milton*, vol. 5. Londres:
Macmillan, 1859-80, pp. 602-3; parcialmente citado
e discutido em Christopher Hill, *op. cit.*, pp. 53,
280-1, 327-8. A formidável *Life* de Masson é uma leitura
que combina muito bem com o livro de Bradley.

§

Uma perspectiva trágica sobre a política está inevitavelmente relacionada, como sugere a carta de Wall, com a questão da guerra e de seu lugar na história da espécie humana. Ou talvez devêssemos dizer: com as questões interligadas do conflito armado, da aniquilação organizada, da psicologia e sociabilidade humanas, da cidade-Estado e então do Estado-nação, e da forma particular em que se organizou essa coisa a que chamamos "economia". Levo a sério a ideia defendida pelos historiadores da Antiguidade de que o elemento crucial na transição para uma economia monetizada talvez não tenha sido tanto a difusão do comércio entre diferentes culturas (quando certos tipos de escambo continuavam a funcionar adequadamente), mas antes a disseminação de um estado de guerra endêmico, o surgimento de enormes exércitos profissionais e a necessidade de provê-los com um meio de pagamento transportável, confiável, de uso imediato.* E com o dinheiro e os assassinatos

* Em um nível mais profundo, permanece fundamental o argumento de Jean-Pierre Vernant em favor de uma relação entre a ação guerreira "desindividualizada" dos hoplitas, o avanço rumo a uma noção de "igualdade", ou *isonomia*, social (para os poucos incluídos na categoria de cidadãos) e a tendência à apreciação quantitativa de um crescente número de aspectos da vida social. Ver Jean-Pierre Vernant, *As origens do pensamento grego*. Trad. de Ísis Borges B. da Fonseca. Rio de Janeiro/São Paulo: Difusão Europeia do Livro, 1977 [1962].

em massa, veio à tona um imaginário social — um retrato da natureza humana — com eles condizente.

"Quando, em uma luta entre cidades", diz Nietzsche,

> a vencedora executa toda a população masculina
> da outra e vende mulheres e crianças como escravos,
> segundo o *direito* de guerra, vemos, na concessão
> de um tal direito, que o grego considerava como uma
> grave necessidade deixar escoar todo o seu ódio;
> em tais momentos, a sensação de inchaço, de cheia,
> aliviava-se: o tigre sobressaía, uma voluptuosa
> crueldade brilhando em seus olhos terríveis. Por que
> o escultor grego tinha de moldar sempre de novo
> guerra e lutas, em incontáveis repetições, corpos
> distendidos, cujas expressões tensionam-se pelo ódio
> ou pela arrogância do triunfo, feridos que se curvam,
> moribundos expirando? Por que todo o mundo grego
> se regozijava com as imagens de combate da *Ilíada*?
> Receio que não compreendamos essas coisas de modo
> suficientemente "grego" [...] que estremeceríamos,
> se alguma vez as entendêssemos [...]*

Nietzsche é veemente; alguns diriam exultante. Mas é possível dizer algo bastante semelhante com a devida insipidez etnológica:

---

* Friedrich Nietzsche, "A disputa de Homero" (fragmento inédito, *c.* 1872), em *Cinco prefácios para cinco livros não escritos*. Trad. de Pedro Süssekind. Rio de Janeiro: 7 Letras, 1996, p. 66.

Baldwin Spencer, "Homens discutindo em torno de acusações sobre desobediência às leis sociais", Alice Springs, 9 de maio de 1901, em *The Photographs of Baldwin Spencer*. Carlton: Miegunyah Press, 2005, lâmina 36.

Muitas fraturas ósseas pré-históricas são resultado de violência; muitos antebraços parecem ter sido quebrados quando o indivíduo se defendia de golpes de porrete. A maioria das fraturas decorrentes de tais esquivas ocorrem no antebraço esquerdo, que era soerguido para bloquear os golpes desferidos por um atacante destro contra o lado esquerdo da vítima. Foram detectadas fraturas dessa natureza em 10% dos homens do deserto e em 19% das mulheres da costa oriental; em ambos os grupos, esse é o tipo mais comum de fratura nos membros superiores [...] Entre as mulheres, as fraturas crânianas eram de duas a quatro vezes mais comuns do que entre os homens. São tipicamente depressões ovais de cerca de seis centímetros, causadas por golpes com instrumentos rombudos. A maior parte ocorre no lado esquerdo da cabeça, indicando ataques frontais por parte de pessoas destras. A maioria dos ferimentos cranianos resulta, portanto, de violência interpessoal, provavelmente praticada por homens contra mulheres.*

* Josephine Flood, *The Original Australians: Story of the Aboriginal People.* Crows Nest: Allen & Unwin, 2007, pp. 122-3, cuja fonte é Stephen Webb, *Paleopathology of Aboriginal Australians: Health and Disease across a Hunter-Gatherer Continent.* Cambridge: Cambridge University Press, 1995, pp. 188-216.

§

Não se pense, a propósito, que esse tipo
de preocupação com a ferocidade do homem
nos faz tomar necessariamente uma direção
nietzschiana. Basta consultar Hazlitt,
que, instalado no núcleo irônico da tradição
radical inglesa, diz:

> A natureza parece (quanto mais olhamos para
> ela) feita de antipatias: sem algo para odiar,
> acabaríamos perdendo o próprio ímpeto
> do pensamento e da ação. A vida se tornaria
> uma poça estagnada, não fosse estremecida
> pelos interesses gritantes e paixões desregradas
> dos homens. O rastro branco de nossa sorte
> é iluminado (ou simplesmente tornado visível)
> ao deixar tudo ao redor o mais escuro possível;
> assim como o arco-íris desenha sua forma
> sobre a nuvem. Será orgulho? Será inveja?
> Será justamente a força contrastante? Será
> fraqueza ou malícia? Mas de fato é assim, existe
> uma afinidade secreta, uma *queda* pelo mal
> na mente humana [...] Protestantes e papistas
> já não se queimam uns aos outros numa
> estaca, mas encomendamos novas edições
> do *Livro dos mártires*, de Foxe [um equivalente
> contemporâneo seria *O arquipélago Gulag*];
> e o segredo do sucesso dos romances de Scott
> é muito parecido — eles nos levam de volta aos
> feudos, aos corações ardentes, ao caos, ao horror,
> aos desagravos e à vingança de uma era e de um

povo bárbaros — preconceitos arraigados
e animosidades fatais de seitas e partidos
na política e na religião, e contendas de chefes
e clãs em meio a guerras e intrigas. Sentimos,
no entanto, toda a força do espírito do ódio
em cada um deles [...] As feras selvagens
retomam seu fluxo dentro de nós, sentimo-nos
animais caçando e, quando o cão desperta
de seu sono e corre inebriado atrás da caça,
o coração se alvoroça no covil natal e emite
um grito selvagem de alegria.*

Essa passagem tem mais a dizer sobre Homs
e Abbottabad, ou sobre Anders Breivik e
Geert Wilders, do que a maioria das coisas
escritas de lá para cá.

* William Hazlitt, "Sobre o prazer
de odiar" [1823], em *Serrote*, nº 9,
pp. 16-7, novembro de 2011.
Trad. de Alexandre Barbosa de Souza.

§

A esquerda comete um erro lógico, e aí é que está
o problema, ao supor que o reconhecimento pleno
da propensão humana à violência — a uma
conformidade empapada de sangue — proscreve
a ideia de uma reformulação radical da política.
A questão é a seguinte: que raiz devemos buscar?
E mesmo uma franqueza à Hazlitt quanto
a "uma *queda* pelo mal na mente humana" pode
perfeitamente coexistir (como coexistia na geração
pós-augustana de Hazlitt) com um "by our own
spirits are we deified".* As capacidades humanas
podem muito bem ser infinitas; foram, sem dúvida,
pouco exploradas, pouca chance tiveram
de florescer; mas o sentimento trágico começa com
a admissão de que a infinitude (a insondabilidade)
vale tanto para o mal, como para o bem.

Do mesmo modo, é um erro supor que
a moderação em política — se entendemos por
isso uma política que se caracteriza por pequenos
passos, por uma sabedoria desiludida, por
propostas concretas, pelo desdém para com
as promessas grandiosas, por uma consciência
da dificuldade presente mesmo no "avanço" mais
mínimo — não seja revolucionária, admitindo
que esta última palavra ainda retenha algum
poder descritivo. Depende do que os pequenos

* Em tradução literal: "Pelos nossos próprios
espíritos nos deificamos", verso do poema
"Resolution and Independence", do poeta
romântico William Wordsworth [1770-1850]. [N.T.]

passos têm por objetivo mudar. Depende de como se configura, no caso, o quadro de possibilidades humanas. Uma política que, passo a passo, derrota a derrota, concentrasse seus esforços na tentativa de impedir que o tigre saia da jaula seria a mais moderada e revolucionária que jamais houve.

Nietzsche nos serve de novo como guia (um guia bifronte como Janus), com uma célebre antevisão do futuro incluída em *A vontade de potência*. É algo que, como vislumbre do feitio que poderia ter a política da catástrofe, permanece inigualável. Ele principia com um diagnóstico geral que parecerá familiar a qualquer um que tenha tido contato com sua obra; mas, então, de maneira menos típica, ele avança. Primeiro o diagnóstico:

> Em poucas palavras [...] o que doravante não será mais construído, não mais *pode* ser construído, é uma sociedade no velho sentido da palavra; para construir tal edifício falta tudo, a começar pelo material. *Nós todos* [Nietzsche se refere a nós, os "modernos"] *já não somos material para uma sociedade*: eis uma verdade cuja hora chegou!*

* Friedrich Nietzsche, *A gaia ciência*. Trad. de Paulo César de Souza. São Paulo: Companhia das Letras, 2001 [1882], p. 253. Opto pela formulação presente em *A gaia ciência* de um pensamento incessantemente repetido, mas nunca de maneira tão econômica, em *A vontade de potência*.

Nós, os modernos, já não fornecemos a substância
a partir da qual uma sociedade pode ser
construída; e, no sentido que serve de premissa
para o Iluminismo, talvez nunca tenhamos
fornecido. Os desdobramentos políticos dessa
reversão do "social" serão duradouros e tenebrosos,
crê Nietzsche, e sua visão do século por vir
é caracteristicamente venenosa (mas nem por isso
inexata): a passagem que acabo de citar descamba
em um comentário sarcástico sobre os "caros
socialistas" e seu sonho de uma sociedade
livre, feita de ferro de madeira — ou, quem sabe,
vaticina Nietzsche, de puro ferro mesmo.
A um "socialismo" desse tipo sobrevirá,
necessariamente, o caos, mas desse caos talvez
ainda possa emergir uma nova forma de política:
"[uma crise que] purifique, que [...] condense os
elementos aparentados e os faça corromperem-se
uns aos outros, que [...] encaminhe os homens
de maneiras de pensar opostas a tarefas comuns.
[...] Naturalmente, à margem de todas as ordenações
sociais vigentes." E o desfecho é o seguinte:

> Quais são os que se demonstrarão os mais fortes?
> Os mais comedidos. Aqueles que não necessitam
> de artigos de fé extremados. Aqueles que não
> somente admitem mas amam boa parte de acaso,
> de insensatez, aqueles que podem pensar
> no homem com um significativo comedimento
> de seu valor, sem com isso tornarem-se pequenos

e fracos [...] seres humanos que estão seguros
de sua potência e que representam, com consciente
orgulho, a força alcançada do homem.*

É claro que não estou sugerindo que concordemos
com o pormenor (se é que chega a tanto)
do pós-socialismo de Nietzsche. A ideia que
ele faz disso vem de cambulhada com uma
série de observações ingênuas, para não dizer
nauseabundas, sobre a "ordem hierárquica"
que seria o fruto mais precioso do novo movimento.
Mas, como esboço do que a moderação poderia
significar para os revolucionários, a reflexão
ainda tem ressonância.

* Friedrich Nietzsche, *A vontade
de potência*, em *Obras incompletas*.
Trad. de Rubens Rodrigues Torres
Filho. São Paulo: Abril Cultural,
1978 [1901], § 55, p. 393.

Pieter Bruegel, o Velho,
A terra da Cocanha,
1567. Alte Pinakothek,
Munique.

§

O utopismo — essa invenção dos primeiros funcionários públicos modernos —, por outro lado, é coisa para senhores de terras, que têm tempo de cultivá-lo. É tudo de que os camponeses de Carlo Levi aprenderam a desconfiar. Bruegel o mostra bem. Sua obra *Cocanha* é, antes de mais nada, uma dessublimação da ideia de Paraíso — uma comédia não divina que só faz realmente sentido quando relacionada com todas as outras ofertas de vida celestial (comezinhas e fabulosas, institucionalizadas e heréticas) postas em circulação quando a cristandade começou a se fazer em pedaços. O alvo central do deboche de Bruegel é o impulso religioso, ou uma das principais formas (tanto mais saliente quanto maior é o afastamento da religião em relação às particularidades da vida) assumidas por esse impulso: o desejo de escapar da existência mortal, o sonho da imortalidade, a ideia do porvir. "E Deus lhes enxugará dos olhos toda lágrima, e a morte já não existirá, já não haverá luto, nem pranto, nem dor, porque as primeiras coisas passaram." A resposta que Bruegel dá ao livro do Apocalipse — e sua voz não é outra senão a da cultura camponesa, em uma de suas modulações inerradicáveis — é que todas as visões de evasão e perfeição são assombradas pelas realidades mundanas que pretendem transfigurar. Todo Éden é uma intensificação do aqui e agora; a imortalidade é um prolongamento da mortalidade; toda visão de bem-aventurança é material e apetitosa, encorpada e corriqueira e centrada no presente. O homem que emerge da montanha de mingau, no segundo plano da cena, é a personificação do "moderno". Foi à força de se empanturrar que ele conseguiu entrar na comunidade dos santos.

O jovem deitado no chão à direita, com as penas de escrever no cinto e a Bíblia ao lado, podemos vê-lo como ninguém menos que São Thomas More; acordado, mas comatoso em sua criação. E o rapaz que dorme sobre o seu mangual? Quem mais, se não o próprio Ned Ludd?

§

As utopias tranquilizam a modernidade,
dizendo-lhe que seu potencial é infinito. Mas por
quê? Ela deveria aprender — ser ensinada —
a encarar o fracasso.

Baldwin Spencer, "Ritos fúnebres finais", Tennant Creek, 23 de agosto de 1901, em *The Photographs of Baldwin Spencer*, lâmina 75.

§

Sobre a modernidade em geral — sobre aquilo que fez com que nós, modernos, deixássemos de ser matéria-prima para o social —, duvido que haja algo de novo a ser dito. O assunto, como a própria coisa, se esgotou. Não que sua discussão tenha terminado — não termina nunca. Só deu o que tinha que dar. Tudo o que é preciso voltar a dizer aqui — e as formidáveis fotos tiradas por Baldwin Spencer da cultura humana mais longeva de que se tem notícia são o acompanhamento perfeito para isso — é que o advento de sociedades orientadas para o futuro, que se estabelecem em oposição a um passado de origens, heroísmos, costumes estabelecidos, é um fato de ordem histórica, não natural, cuja ocorrência se dá em tempo e lugar determinados, com causas complexas, contingentes — entre elas a religião pessoal (essa estranha mutação) e a contabilidade de partidas dobradas. E por modernidade deve-se entender muito mais que um conjunto de técnicas ou um padrão de residência e consumo: a palavra implica um *éthos*, um *habitus*, um modo de ser um sujeito humano. Retomo um esboço que apresentei em um livro anterior:

> "Modernidade" significa contingência. Indica uma ordem social que trocou o culto aos ancestrais e às autoridades do passado pela busca de um futuro projetado — de bens, prazeres, liberdades, formas de controle

da natureza, novos mundos de informação.
O processo foi acompanhado de um terrível
esvaziamento e sanitização da imaginação.
Pois, sem o ancoradouro da tradição, sem
as imaginadas e vívidas imbricações dos laços
de parentesco, sem o passado se fazendo
presente (no mais das vezes de forma monstruosa)
nos detalhes da vida cotidiana, o sentido passou
a ser um artigo social escasso — se por "sentido"
temos em mente formas pactuadas e instituídas
de valor e entendimento, ordens implícitas
nas coisas, histórias e imagens em que uma
cultura é capaz de cristalizar a percepção que
ela tem do enfrentamento com o reino da
necessidade e com as realidades da dor e da morte.
A expressão que Max Weber tomou de empréstimo
de Schiller, "o desencantamento do mundo" —
sombria, mas, a meu ver, ainda exultante, com
sua promessa de uma existência sem ilusões no
mundo tal como ele é — ainda constitui a melhor
síntese dessa faceta da modernidade. [...]
"Secularização" é uma boa palavra técnica para
esse vazio. Significa especialização e abstração
como parte da textura dos afazeres mais triviais;
a vida social comandada por um cálculo
de probabilidades estatísticas em escala colossal,
com aceitação ou ressentimento generalizados
do alto grau de risco envolvido; tempo e espaço
transformados em variáveis desse mesmo cálculo,
ambos saturados de "informação" e manipulados

infindável e monotonamente em redes e telas;
a "descompetencialização" da vida cotidiana
(deferência para com especialistas e técnicos
em mais e mais áreas da microestrutura do eu);
expertise disponível, invasiva, perturbadora;
a revisão crônica de tudo à luz de "estudos".*

Isso não faz mais que delinear as formas; em termos
descritivos, haveria muito o que acrescentar.
Mas do ponto de vista aqui apresentado, apenas
dois temas exigem desenvolvimento. O primeiro
deles é que a essência da modernidade —
do mercador de especiarias que vivia cóm os olhos
grudados nas Sagradas Escrituras ao banqueiro
formado em Harvard que não vai malhar
na academia sem o seu iPod — é um novo tipo
de "indivíduo" obediente e isolado, com suporte
técnico sempre à mão. O livro impresso, o exercício
espiritual, o cafezinho e *Le Figaro*, *Time Out*,
Twitter, o tabaco (ou sua rejeição), o paraíso
dos aplicativos sem fim. O segundo é que todo
esse aparato é uma espécie de prolongamento
do mecanismo do *relógio de corda*. O que segura
as pontas da individualidade é uma ficção da
existência plena que está por vir. Sempre faltam
só mais alguns minutos para a hora do recreio.

* T.J. Clark, *Farewell to an Idea*.
New Haven/ Londres:
Yale University Press, 1999, p. 7
(ligeiramente modificado).

E ainda que a função mais profunda dessa nova
cronologia seja agir sobre o que costumava ser
chamado de "posições de sujeito" — de modo
a manter o súdito-cidadão num estado
de expectativa perpétua (aceitando, assim,
as migalhas de subjetividade de fato disponíveis) —,
é no nível da política que o Grande Olhar para
a Frente é quase um dado incontornável.

§

Quais foram, na trajetória do Iluminismo —
de Hobbes a Nietzsche, por exemplo, ou de
De Maistre a Kojève —, as forças características
da direita? Uma visão desiludida do potencial
humano — sempre a ponto, sem dúvida,
de transformar-se em uma reencenação do pecado
original. E (como derivação disso) uma abstenção
quanto à dimensão futura. Nietzsche, como
sempre, é a possível exceção aqui, mas o interesse
das eventuais visadas que ele lança na direção
de uma política por vir está, como eu já disse,
justamente em seu comedimento irônico.

A direita ainda possui essas forças? Não creio.
A direita já não ousa propor uma visão da natureza
humana (ou, quando o faz, trata-se de uma
visão meramente agostiniana, traindo o legado
de Hume, Vico e mesmo de Freud e de Heidegger);
e, aos poucos, mas de maneira inexorável,
também ela acabou cedendo ao grande
ensinamento moderno de que não se deve
ser retrógrado. A direita abandonou os lugares
ou as tonalidades que antes lhe permitiam —
para vergonha da esquerda — monopolizar
a efetiva descrição e crítica da modernidade,
graças aos quais conseguia encontrar
palavras para falar da proximidade do nada.
À esquerda não resta opção senão tentar ocupar
os assentos vazios.

§

Pessimismo da razão, otimismo da vontade?
Não mais: pois agora o otimismo é uma tonalidade
política indissociável das promessas do consumo.
E o "futuro" só existe nas bolsas de derivativos.
A esperança já não nos é concedida para o bem
dos desesperados: transmudou-se em um
micawberismo* político e econômico sem fim.

* Referência a Wilkins Micawber,
personagem do romance *David
Copperfield*, de Charles Dickens,
um otimista inveterado que,
a despeito de todas as evidências
em contrário, acredita que "alguma
coisa vai acontecer" e tudo
se ajeitará. [N.T.]

§

O diapasão trágico torna muitas coisas possíveis
e impossíveis. No entanto, o fundamental para
a esquerda talvez seja o fato de que a tragédia
não nutre esperanças de que algo aconteça —
algo transfigurador — e tudo se ajeite. A moderna
infantilização da política é um fenômeno que
ocorre em concomitância com um constante
direcionamento da política para o futuro, do qual
ela talvez seja também dependente. É óbvio
que tal direcionamento perdeu vigor e se tornou
uma coisa mecânica — assim como a falação dos
programadores e dos manipuladores de genes
ganhou muito em ridículo. Walter Benjamin
ficaria horrorizado ao ver a forma que esse
"messianismo aguado" assumiu depois que
os todo-poderosos messias do século XX se foram.
A utopia do Twitter dá as mãos ao Tea Party.
Mas a *direção* da política resiste a qualquer coisa
que a realidade da economia — até mesmo
o retorno de um depauperamento generalizado
da população — lhe jogue na cara. A política,
na forma em que se apresenta para nós, não
é nada sem uma modernidade acenando a todo
instante com sua chegada iminente, finalmente
prestes a se realizar: não tem outro *télos*,
não tem outra maneira de imaginar que as coisas
possam ser diferentes. Encontrar essa maneira
é a tarefa da esquerda.

§

"A presença de espírito como categoria política",
diz Benjamin,

> encontra uma expressão magnífica nestas palavras
> de Turgot: "Antes de compreendermos que as
> coisas se encontram em uma determinada situação,
> elas já mudaram várias vezes. Assim, sempre
> percebemos os acontecimentos tarde demais,
> e a política tem sempre necessidade de prever,
> por assim dizer, o presente".*

* Walter Benjamin, *op. cit.*, p. 520,
convoluta N 12a, I.

§

O leitor pode perguntar, por fim, qual é a diferença entre o tipo de política antiutópica que estou defendendo e o "reformismo" puro e simples. O rótulo não me amedronta. Nas Internacionais, o problema dos grandes reformistas era que eles tinham em comum com os revolucionários uma crença no destino essencialmente progressista, purgativo e reconstrutivo das forças produtivas. Acreditavam que a economia era capaz de reprogramar o fenótipo. Por isso pensavam que a "reforma" era uma proposta modesta e pragmática. Estavam errados. (A forma essencial e mais nobre de reformismo socialista — a de Bernstein — foi perdendo força até se desarticular por inteiro em 1914, quando teve início o ciclo de atavismos do século XX. Como projeto socialista, esse reformismo mostrou-se impossível de ser revivido.) A reforma, percebe-se, é uma reivindicação revolucionária. Para nos afastarmos, ainda que minimamente, do ciclo de horror e fracasso — para deixarmos só um pouco para trás os colcozianos e os responsáveis pelas sessões de *waterboarding** —, teremos de proceder à desmontagem, peça por peça, presunção por presunção, da política que temos hoje.

---

* Prática de tortura em que a vítima é submetida a uma simulação de afogamento. Entre 2002 e 2003, foi aplicada pela CIA, a agência de inteligência dos EUA, em suspeitos de pertencer à rede terrorista Al Qaeda. [N.E.]

§

À guisa de conclusão, ponhamos em outros termos a questão levantada anteriormente: a esquerda, no centro do capitalismo, ainda tem de se defrontar com o fato de que o espantoso — atordoante e inaudito em termos estatísticos — grande salto para a frente registrado em todas as medidas de desigualdade social e econômica bruta nos últimos 40 anos levou, especialmente em tempos mais recentes, a maioria das sociedades políticas para a direita. A forma atual da política do *ressentimento* — o igualitarismo da nossa época — é o Tea Party. Em que contexto, então, seria possível fazer que a desigualdade e a injustiça voltassem a ser o objeto de uma política? Essa é uma questão que, posta com seriedade, causa vertigem.

Talvez possamos encontrar o princípio de uma resposta pensando a desigualdade e a injustiça como Moses Wall parecia pensá-las, isto é, como epifenômenos, acima de tudo, de uma guerra permanente — do estado de guerra permanente; e concebendo uma política que diga, de forma inequívoca: "Nunca haverá paz". Não está na natureza das coisas (humanas) que a paz venha a se instaurar um dia. Mas, para a esquerda, tal admissão só torna ainda mais essencial — e mais revolucionário — que o ponto focal, o núcleo sempre recorrente da política, esteja voltado para a contenção dos efeitos e da extensão da guerra, assim como para a tentativa (a mais profunda exigência revolucionária) de descolar a

agressividade e a territorialidade de sua forma
consubstanciada no Estado-nação. Passo a passo;
remando contra a maré; permanentemente.
Com o mesmo espírito de uma esquerda que
possa se concentrar de novo no problema da
pobreza — pois é claro que *não há* esquerda sem
esse compromisso primordial — e que o faça com
ainda mais tenacidade por ter nos ouvidos
as palavras de Jesus sobre sua permanência.

§

O dilema entre reforma e revolução, voltando ainda uma vez a ele, parece-me ter deixado de ser uma questão política genuína para tornar-se mero floreio retórico. Adaptando a grande máxima de Randolph Bourne: os extremismos — os extremismos que temos — são agora a saúde do Estado.

O fato relevante nos redutos centrais do capitalismo de hoje (e se isso vale para a Europa, também se aplica ao menos à Ásia e à América Latina) é que nenhum movimento ou partido político estabelecido nem sequer finge mais oferecer um programa de "reforma". A reforma do capitalismo é tacitamente considerada impossível; em vez disso, o que gera consenso entre os políticos são coisas como resgate, salvamento. Em outras palavras, voltar a regular os bancos — e, com sorte, voltar à era de Nixon e Jean Monnet.

Nem é preciso dizer que um movimento de oposição do tipo que proponho aqui, tão logo lograsse algum sucesso, por limitado que fosse, veria toda a fúria crua do Estado ser despejada sobre a sua cabeça. Os limites entre organização política e resistência armada se dissolveriam — não por opção da esquerda, mas por simples questão de autodefesa. Imagine-se um movimento que de fato começasse a trazer de volta à baila o tema da economia de guerra permanente. Por mais limitadas que fossem suas ações, por mais simbólicas que fossem suas vitórias, de uma coisa não haveria a menor dúvida: o "choque" avançaria sem dó contra os manifestantes. Do Bahrein seriam reimportados os helicópteros usados para a garantia da ordem pública. Jean Charles de Menezes teria uma porção de irmãos. Todavia, a questão que se poria então seria, a meu ver, a seguinte: em que circunstâncias o previsível movimento de vaivém que se estabeleceria entre a repressão estatal e a reação da esquerda poderia começar, ainda que de maneira incipiente, a deslegitimar a preponderância do Estado sobre o uso da força armada? Certamente não quando o Estado pode se exibir recolhendo, entre as ferragens retorcidas dos vagões do metrô, pedaços amputados e irreconhecíveis de corpos humanos. O extremismo, repito, é o passe-livre do Estado.

§

O que tenho para dizer, por fim, é que não haverá
um futuro sem guerras, pobreza, pânico malthusiano,
tiranias, crueldade, classes, horas improdutivas
e todos os males que constituem a natural herança
da carne, pois *não haverá futuro nenhum*;
só um presente em que a esquerda (sempre acuada
e marginalizada, sempre — e com orgulho — uma
coisa do passado) se esforça para reunir o "material
para uma sociedade" que Nietzsche pensava
ter desaparecido da terra. E isso é uma receita de
ação política, não de quietismo — de uma esquerda
capaz de encarar o mundo.

SOBRE A COLEÇÃO

Fábula: do verbo latino *fari*, "falar", como a sugerir que a fabulação é extensão natural da fala e, assim, tão elementar, diversa e escapadiça quanto esta; donde também falatório, rumor, diz-que-diz, mas também enredo, trama completa do que se tem para contar (*acta est fabula*, diziam mais uma vez os latinos, para pôr fim a uma encenação teatral); "narração inventada e composta de sucessos que nem são verdadeiros, nem verossímeis, mas com curiosa novidade admiráveis", define o padre Bluteau em seu *Vocabulário português e latino*; história para a infância, fora da medida da verdade, mas também história de deuses, heróis, gigantes, grei desmedida por definição; história sobre animais, para boi dormir, mas mesmo então todo cuidado é pouco, pois há sempre um lobo escondido (*lupus in fabula*) e, na verdade, "é de ti que trata a fábula", como adverte Horácio; patranha, prodígio, patrimônio; conto de intenção moral, mentira deslavada ou quem sabe apenas "mentirada gentil do que me falta", suspira Mário de Andrade em "Louvação da tarde"; início, como quer Valéry ao dizer, em diapasão bíblico, que "no início era a fábula"; ou destino, como quer Cortázar ao insinuar, no *Jogo da amarelinha*, que "tudo é escritura, quer dizer, fábula"; fábula dos poetas, das crianças, dos antigos, mas também dos filósofos, como sabe o Descartes do *Discurso do método* ("uma fábula") ou o Descartes do retrato que lhe pinta J. B. Weenix em 1647, de perfil, segurando um calhamaço onde se entrelê um espantoso *Mundus est fabula*; ficção, não-ficção e assim infinitamente; prosa, poesia, pensamento.

Samuel Titan Jr., Raul Loureiro

SOBRE O AUTOR

T. J. Clark nasceu em Bristol, em 1943, e fez seus estudos em Cambridge e Londres. Depois de completar o doutorado no Courtauld Institute of Art, passou a lecionar história da arte na Inglaterra e nos Estados Unidos, com passagens pelas universidades de Essex, Los Angeles, Leeds e Harvard. Em 1988, começou a lecionar na Universidade da Califórnia em Berkeley, onde permaneceu até se aposentar e voltar à Inglaterra, em 2010. Clark é autor de diversos livros de referência sobre arte moderna, entre os quais *The Absolute Bourgeois: Artists and Politics in France, 1848-51* (1973), *Image of the People: Gustave Courbet and the 1848 Revolution* (1973), *The Painting of Modern Life: Paris in the Art of Manet and his Followers* (1985) e *Farewell to an Idea: Episodes from a History of Modernism* (1999). Suas duas obras mais recentes são *The Sight of Death* (2006) e *Picasso and Truth* (2013).

SOBRE O TRADUTOR

José Viegas Filho nasceu em Campo Grande, em 1942. Diplomata de carreira, foi embaixador do Brasil em países como a Dinamarca, o Peru, a Rússia, a Espanha e a Itália. Entre 2003 e 2004, foi ministro da Defesa, durante o primeiro mandato do presidente Lula.

SOBRE ESTE LIVRO
Por uma esquerda sem futuro, São Paulo, Editora 34, 2013
TÍTULO ORIGINAL "For a Left with no Future", publicado
originalmente em *New Left Review*, número 74, março-abril
de 2012 © T. J. Clark, 2012 TRADUÇÃO José Viegas PREPARAÇÃO
Denise Pessoa REVISÃO Alexandre Hubner, Samuel Titan Jr.
PROJETO GRÁFICO Raul Loureiro CRÉDITOS DAS IMAGENS
obras de Bruegel e Tatlin/The Bridgeman Art Library; fotos
de Sir Baldwin Spencer/cortesia Museum Victoria, Melbourne
ESTA EDIÇÃO © Editora 34 Ltda., São Paulo; 1ª edição, 2013.
A reprodução de qualquer folha deste livro é ilegal e
configura apropriação indevida dos direitos intelectuais
e patrimoniais do autor. A grafia foi atualizada segundo
o Acordo Ortográfico da Língua Portuguesa de 1990,
que entrou em vigor no Brasil em 2009.

TIPOLOGIA Melior
PAPEL Lux Cream 80 g/m²
IMPRESSÃO Bartira Gráfica
e Editora, em julho de 2013
TIRAGEM 2 000

Copyright © Editora 34 Ltda. (edição brasileira), 2013
Tradução © José Viegas, 2013

"For a Left with no Future" © T. J. Clark, 2012
Publicado sob licença da *New Left Review*
Todos os direitos reservados

1ª Edição – 2013 (1ª Reimpressão – 2013)

CIP – Brasil. Catalogação-na-Fonte
(Sindicato Nacional dos Editores de Livros, RJ, Brasil)
Clark, T. J., 1943-
Por uma esquerda sem futuro /
T. J. Clark; tradução de José Viegas —
São Paulo: Editora 34, 2013 (1ª Edição).
80 p. (Coleção Fábula)

Tradução de: For a Left with no Future
ISBN 978-85-7326-524-8
1. Ensaio inglês. 2. New Left Review. 3. Teorias políticas.
I. Viegas, José. II. Título. III. Série.
CDD 824

EDITORA 34

Editora 34 Ltda.
Rua Hungria, 592
Jardim Europa CEP 01455-000
São Paulo – SP Brasil
Tel/Fax (11) 3811-6777
www.editora34.com.br